OWEN y MZEE

LA VERDADERA HISTORIA DE UNA AMISTAD INCREÍBLE

OWEN y MZEE

LA VERDADERA HISTORIA DE UNA AMISTAD INCREÍBLE

Contada por ISABELLA HATKOFF, CRAIG HATKOFF
y la DRA. PAULA KAHUMBU

Con fotografías de PETER GRESTE

SCHOLASTIC INC.

New York Toronto London Auckland Sydney
Mexico City New Delhi Hong Kong Buenos Aires

Este libro está dedicado a los cerca de 250 empleados del Grupo Lafarge que perdieron la vida o desaparecieron a consecuencia del tsunami ocurrido el 26 de diciembre de 2004. Visite www.lafargeecosystems.com para obtener información en inglés sobre cómo ayudar a sus familias.

Originally published in English as *Owen & Mzee: The True Story of a Remarkable Friendship*

ISBN-13: 978-0-545-03738-9
ISBN-10: 0-545-03738-7

15 14 13 12 11 10 9   19 20 21 22 23 24/0

Printed in the U.S.A.   169

First Scholastic Spanish printing, December 2007

This book has been adapted from the original e-book Owen and Mzee, by coauthors Isabella Hatkoff, Craig Hatkoff, and Dr. Paula Kahumbu, which was first launched on the WNBC New York Five O'Clock news, April 29, 2005, as part of the Tribeca Film Festival.

Book design by Elizabeth B. Parisi

The text was set in 14.5 pt. Adobe Garamond.

Agradecemos profundamente a todos los héroes, cuyos nombres no conocemos, que ayudaron a rescatar a Owen. Nos sentimos endeudados con el equipo de Haller Park, especialmente con Sabine Baer, Directora de Rehabilitación y Ecosistema y con el Dr. Zahoor Kashmiri, veterinario de animales salvajes. Le damos las gracias de una manera especial a Stephen Tuei, cuidador de animales, por su aporte a este libro.

También queremos agradecer al Dr. Harold Koplewicz, al Centro de Estudios sobre la Niñez de la Universidad de Nueva York y a nuestros amigos de WNBC, también en Nueva York, quienes lanzaron esta historia en el Tribeca Film Festival de 2005. Muchas gracias a Juliana Hatkoff, quien nos ayudó a escribir un libro mejor.

Particularmente queremos agradecer al Dr. Joshua Ginsberg, vicepresidente de Operaciones de Conservación de la Sociedad para la Conservación de la Vida Salvaje del Zoológico del Bronx, Nueva York, y miembro del Departamento de Ecología, Evolución y Biología Ambiental de la Universidad de Columbia, por su labor como experto.

Pero sobre todo, queremos agradecer a Owen y Mzee, quienes inspiran y deleitan a niños y adultos de todo el mundo.

Queridos amigos,

Como muchas personas de todo el mundo, nos sentimos cautivados por una increíble fotografía que apareció en los periódicos en enero de 2005. Mostraba un bebé hipopótamo acurrucado junto a una tortuga gigante. Supimos que estos animales, que ahora son inseparables, se habían conocido después del tsunami ocurrido en el océano Índico el 26 de diciembre de 2004. Como padre e hija que somos, esta historia de amistad tan especial nos conmovió profundamente y quisimos investigar más.

Contactamos a la Dra. Paula Kahumbu, Administradora General de Haller Park, donde ahora viven Owen y Mzee, y la doctora nos contó toda la historia acerca del dramático rescate de Owen y de su amistad con Mzee. Así que decidimos escribir un libro que diera a conocer a niños y adultos de todo el mundo esta increíble historia.

Peter Greste, el fotógrafo que dio a conocer la foto de Owen y Mzee que atrajo la atención de tantas personas, accedió a ser parte del proyecto. Y antes de que nos diéramos cuenta, este libro había nacido.

Esperamos que esta increíble historia los inspire tanto como a nosotros. Nos demuestra cuán conectados estamos unos con otros. También es un vívido recuerdo de que aun cuando en el mundo sucedan cosas terribles, ¡nunca debemos darnos por vencidos!

Con mucho cariño y esperanza,

¡Isabella   Craig Hatkoff

Esta es la historia real de dos grandes amigos, un bebé de hipopótamo llamado Owen y una tortuga gigante de 130 años llamada Mzee.

El hipopótamo no siempre fue amigo de la tortuga. No siempre fue conocido como "Owen". Y no siempre fue famoso en todo el mundo. Veamos cómo sucedió todo.

Antes de que este joven hipopótamo fuera conocido con el nombre de Owen, él y su madre vivían con una manada de hipopótamos. Nadaban y se revolcaban en el río Sabaki, en Kenia, una nación de África. Cuando Owen tenía un año de edad, unas intensas lluvias desbordaron el río. La poderosa corriente de las aguas arrastró a Owen y a su familia río abajo, hasta que el agua dulce comenzó a volverse salada y el río desembocó en el océano Índico, cerca de la aldea costera de Malindi.

Durante varios días, los habitantes de Malindi trataron de conducir a los hipopótamos de regreso al río. Sin embargo, a los hipopótamos parecía gustarles pastar en la hierba que crecía en la costa y en los patios de los vecinos de la aldea. Y como un hipopótamo adulto pesa unos 3.500 kilos, los vecinos no podían hacer mucho al respecto.

Owen vivía con una manada de hipopótamos como esta.

De repente, en la mañana del 26 de diciembre de 2004, el mar se enfureció y las olas comenzaron a romper violentamente en la costa. Muchos de los botes de pesca de los habitantes de la aldea fueron dañados por la marejada, y hubo que salir a rescatar a varios pescadores. Poco después el mar volvió a calmarse, pero todos pasaron unas horas terribles. Transcurrió todo un día antes de que alguien pensara en ir a ver a los hipopótamos. Cuando llegaron al lugar donde acostumbraban vivir los hipopótamos, los vecinos de la aldea vieron un solo hipopótamo en el mar: una cría sin su madre, desamparada en un arenoso arrecife coralino e incapaz de regresar a la costa por su propia cuenta.

Muy pronto, cientos de vecinos y visitantes se reunieron para tratar de salvar al pequeño hipopótamo. Sabían que si permanecía mucho tiempo en el agua salada, se enfermaría y moriría. Trataron de capturarlo y ponerlo a salvo en la orilla por medio de cuerdas, botes, redes de pesca y hasta autos.

Pescadores de Malindi con sus botes de madera de muchos colores.

Owen se había quedado atascado en un arrecife.

Se dieron cuenta rápidamente de que no sería tan fácil. Aunque era un hipopótamo joven, pesaba 270 kilos, era muy fuerte y su piel era muy resbalosa. El hipopótamo estaba alarmado por el alboroto de toda aquella gente. Huyó de ellos enojado, escapándose de las cuerdas y rompiendo las redes. Pasaron las horas y los ansiosos vecinos que se habían reunido a mirar el rescate comenzaron a temer que el hipopótamo no se salvaría.

Finalmente, lograron atraparlo con unas redes más fuertes para pescar tiburones. Un valiente visitante, llamado Owen, fue quien logró tumbar al hipopótamo, controlándolo el tiempo suficiente para que los demás lo atraparan con las redes. Cuando llegó el momento de ponerle nombre al hipopótamo, a todos les pareció que lo más apropiado era llamarlo "Owen".

Una vez capturado, llevaron al hipopótamo a la costa. Al llegar a la orilla, más de mil hombres, mujeres y niños, que se habían reunido en la arena, comenzaron a dar gritos de júbilo. La celebración se podía escuchar a casi dos kilómetros de distancia.

Aún envuelto en la red, a Owen lo pusieron en la parte trasera de una camioneta y lo llevaron a un lugar sombreado.

Los gritos de júbilo se podían escuchar a casi dos kilómetros de distancia.

La gente no sabía adónde debían llevar a Owen. Llamaron a un refugio de animales, Haller Park, que estaba a unos 80 kilómetros, cerca de Mombasa. La Dra. Paula Kahumbu ofreció inmediatamente un lugar en el refugio para Owen. Les explicó que, como aún era muy joven, no podría ser devuelto a su hábitat, puesto que no sabría defenderse por sí mismo. Además, nunca lo acogerían en otra manada de hipopótamos: lo verían como un intruso y lo atacarían. En Haller Park, por el contrario, lo alimentarían y lo cuidarían. Ella misma iría en un camión a Malindi para transportar a Owen a su nuevo hogar.

La Dra. Paula sabía que necesitaría ayuda para transportar al hipopótamo. Le pidió a Stephen Tuei, un experto cuidador de animales, que la acompañara en su viaje. Ella sabía que Stephen tenía un don especial con los animales. Algunos decían incluso que podía hablar con ellos. Sin perder tiempo, la Dra. Paula y Stephen salieron en el camión hacia Malindi.

Mientras tanto, la ecologista Sabine Baer y otras personas comenzaron a hacer los preparativos en Haller Park para la llegada de Owen.

La Dra. Paula, Stephen y Sabine querían ayudar
al hipopótamo huérfano.

Cuando la Dra. Paula y Stephen llegaron a Malindi, ayudaron a los vecinos a quitarle las redes a Owen y trataron de que saliera de la camioneta; pero Owen se puso más furioso que nunca y se lanzó contra la gente que estaba a su alrededor. Trataron de calmarlo poniéndole una colcha sobre la cabeza. De esa manera, no vería lo que estaban haciendo y no se enojaría. Sin embargo, Owen se volvió a enfurecer. Tras muchas horas, una docena de personas logró trasladar a Owen de la camioneta al camión de la Dra. Paula y atarlo de modo que no fuera a tener un accidente durante el largo camino hasta Haller Park.

Las personas trataron de que Owen no sufriera ningún daño.

Entretanto, Sabine y otros trabajadores prepararon un refugio para Owen. Escogieron una parte del parque donde había un estanque y un lodazal, así como grandes árboles y maleza, todo lo que un hipopótamo podría necesitar. En esa área ya vivían venados, monos y una tortuga gigante de Aldabra llamada Mzee.

Mzee, que significa "anciano sabio" en suahili, era la criatura más vieja del refugio. Tenía unos 130 años de edad, es decir, había nacido antes que la bisabuela de Stephen. Mzee no era muy amistoso, excepto con Stephen, que parecía saber siempre lo que le gustaba a Mzee, como cuando lo acariciaba debajo de la barbilla. Pero aparte de eso, Mzee prefería estar solo. Por eso todos se sorprendieron con lo que sucedió a continuación.

Stephen acaricia a Mzee.

Finalmente, la Dra. Paula y Stephen llegaron con Owen, que estaba muy débil y cansado. Tan pronto como le quitaron las cuerdas, Owen saltó del camión y fue directamente hacia Mzee, que se encontraba descansando en una esquina del refugio. Se acurrucó detrás de él como se esconden las crías de hipopótamo detrás de su madre para sentirse protegidas. Al principio, a Mzee no pareció gustarle la idea. Se alejó de él siseando; pero Owen, que podía seguir el paso de la tortuga sin esfuerzo, no se dio por vencido. Mientras avanzaba la noche, Mzee comenzó a aceptar la presencia de su nuevo compañero. Cuando los trabajadores del refugio volvieron por la mañana, Owen estaba acurrucado contra Mzee. Y a la tortuga no parecía importarle.

Esa noche, Owen y Mzee descansaron uno al lado del otro.

Durante los días siguientes, cada vez que Mzee trataba de alejarse, Owen iba detrás. Algunas veces, sin embargo, Owen se alejaba de la tortuga y entonces era Mzee quien se acercaba a él. Poco a poco, Mzee se volvió más amistoso.

Al principio, Owen no se comía la hierba que le daban. Stephen y los otros trabajadores estaban preocupados porque podría debilitarse mucho. Entonces, vieron a Owen comiendo al lado de Mzee, como si Mzee le estuviera enseñando a comer. O quizás la presencia un tanto maternal de Mzee calmaba a Owen lo suficiente para comer. Nadie sabrá jamás el porqué, pero la relación entre Owen y Mzee ayudaba al joven hipopótamo a recuperarse del trauma de la separación de su madre y de haber quedado a la deriva en el mar.

Con Mzee a su lado, Owen comenzó a comer.

A los hipopótamos y a las tortugas les gusta mucho el agua.

Las semanas transcurrieron y Owen y Mzee pasaban cada vez más tiempo juntos. Al poco tiempo se volvieron inseparables. Su relación aún es muy fuerte. Todos los días nadan juntos, comen juntos, toman agua juntos y duermen uno al lado del otro. Frotan sus morros uno contra otro. Unas veces Owen va delante cuando se dirigen a diferentes partes del refugio y otras veces es Mzee el que guía. Owen le lame juguetonamente el cuello a Mzee y la tortuga estira el cuello para que siga, igual que cuando Stephen lo acaricia debajo de la barbilla. Aunque ambos animales podrían hacerse daño mutuamente, son amables el uno con el otro. La confianza ha crecido entre ellos.

Owen le lame el cuello a Mzee.

Los expertos en animales salvajes se preguntan cómo fue posible que surgiera esta amistad. Algunos nunca habían escuchado que un mamífero y un reptil, como Owen y Mzee, pudieran llegar a crear semejante lazo de amistad.

La conducta de Owen podría explicarse de esta manera: los hipopótamos jóvenes como Owen necesitan de sus madres para sobrevivir. Una tortuga vieja y lenta como Mzee nunca podría proteger a Owen como una madre hipopótamo. Pero como Mzee tiene un color y una figura redondeada semejantes a las de un hipopótamo, es posible que Owen viera a Mzee como una madre para él.

El afecto que Mzee parece demostrar por Owen es más difícil de explicar. Como la mayoría de las tortugas Aldabra, Mzee prefiere la soledad. Pero algunas veces estas tortugas viven en grupos y quizás Mzee ve a Owen como una tortuga, la primera con la que desea compartir su tiempo. Quizás Mzee sabe que Owen no es una tortuga, pero se siente bien a su lado.

Las razones no son claras. Pero la ciencia no siempre puede explicar lo que sienten los corazones: a veces las amistades más importantes surgen cuando menos las esperamos y de quien menos las esperamos.

Algunas veces Mzee le sirve de guía a Owen y viceversa.

La noticia de la amistad de Owen y Mzee ha recorrido todo el mundo. Muchas personas sienten un gran cariño por Owen, que sufrió mucho y nunca se dio por vencido, y por Mzee, que le brindó su amistad cuando más lo necesitaba. Sus fotografías han aparecido en innumerables artículos de periódicos y revistas. También se han hecho programas de televisión y documentales sobre ellos. Todos los días llegan visitantes a Haller Park a conocer a estos famosos amigos.

Owen y Mzee se cuidan el uno al otro.

Owen sufrió una gran pérdida, pero gracias a la ayuda de muchas personas y a su extraordinario valor, pudo comenzar una nueva vida. Mucho más interesante ha sido el papel de Mzee. Nunca sabremos con certeza si Owen ve a Mzee como una madre, un padre o un buen amigo. Pero no importa. Lo importante es que Owen no está solo ni Mzee tampoco.

Esta es, pues, la increíble historia de Owen y Mzee, dos grandes amigos.

El futuro de Owen es muy prometedor.

MÁS INFORMACIÓN SOBRE...

KENIA

Kenia es un país ecuatorial que se encuentra en la costa este de África. Casi todos sus habitantes hablan suahili, además de su propia lengua materna. Mzee es una palabra en suahili que significa "anciano" o "anciano sabio".

MALINDI

Malindi es un pequeño pueblo costero del océano Índico. Muchos de sus habitantes son pescadores. Malindi es también famoso por sus bellas playas y sus arrecifes coralinos. Miles de visitantes de todo el mundo se hospedan en los hoteles de la zona. Muchos visitantes participaron en el rescate de Owen. La pequeña ciudad costera de Mombasa está a unos 80 kilómetros al sur de Malindi.

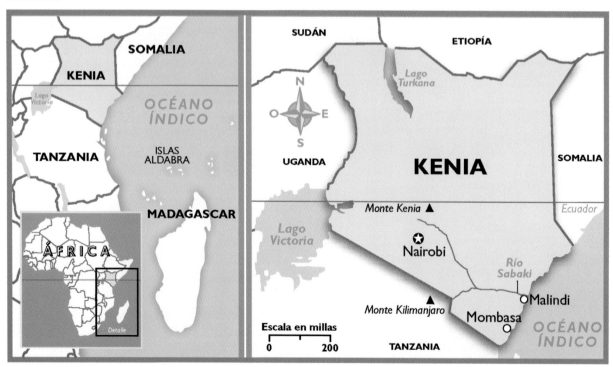

HIPOPÓTAMOS

Los hipopótamos viven en las aguas de los ríos de África central. Su nombre se deriva de las palabras latinas para caballo (hippo) y río (potamus), es decir, un caballo de río. Las crías dependen de sus madres y se quedan junto a ellas durante cuatro años. Los hipopótamos protegen ferozmente su territorio de cualquier animal que lo quiera invadir, pero no atacan a otros animales para comérselos. Los hipopótamos son herbívoros: comen hierba y plantas de río. Viven hasta 40 años si están en su hábitat y 60 años si están en cautiverio.

TORTUGAS DE ALDABRA

La tortuga de Aldabra es un tipo de tortuga gigante originaria de las islas Aldabra, cerca de Madagascar, en el océano Índico. Se parecen mucho a las famosas tortugas galápagos. Crecen hasta alcanzar un metro y veinte centímetros de altura y viven hasta 85 años en libertad. En cautiverio pueden vivir muchos años más. Los trabajadores que cuidan a Mzee calculan que tiene alrededor de 130 años.

OWEN Y MZEE Y EL TSUNAMI DE DICIEMBRE DE 2004

A Owen lo encontraron desamparado al día siguiente del devastador tsunami que se produjo en la parte oriental del océano Índico el 26 de diciembre de 2004. Las olas descomunales del tsunami fueron causadas por un poderoso sismo en el fondo del mar, cerca de Indonesia. Más de 175.000 personas murieron en el desastre y pueblos enteros fueron arrasados por las olas. Cuando el tsunami llegó a las costas de Kenia, se había desplazado 6.400 kilómetros y las olas habían perdido mucha fuerza, por lo que los daños fueron menos severos. La noticia de este desastre conmovió al mundo entero. La historia del rescate de Owen y su amistad con Mzee llenó de esperanza a muchas personas de todo el mundo, pues les recordó que aunque a veces suceden cosas terribles e inesperadas, el poder del amor, el valor y el aprecio por la vida siempre triunfan.

EL FUTURO DE OWEN Y MZEE

Los trabajadores del refugio tienen previsto mantener a Owen y a Mzee en el mismo refugio mientras ellos deseen vivir juntos. Cuando Owen estuvo listo para vivir con los otros hipopótamos del parque, lo trasladaron a una laguna grande donde viven varios hipopótamos y, entre ellos, una hembra que no tiene pareja llamada Cleo. A Mzee también lo trasladaron allí y tanto el hipopótamo como la tortuga todavía se mantienen unidos.

HALLER PARK

Este refugio de animales en las afueras de Mombasa fue creado por el Grupo Lafarge para darle un uso ecológico a una de sus antiguas canteras. Más de 150 animales viven en las 150 hectáreas de un ecosistema balanceado y cuidadosamente planificado. El refugio abre sus puertas a los visitantes todos los días de la semana, y miles de ellos han ido hasta allí para conocer a Owen y Mzee.

UNA GUÍA EN INGLÉS para este libro, *Cultivating Resiliency: A Guide for Parents and School Personnel*, ha sido preparada por psicólogos del Centro de Estudios sobre la Niñez de la Universidad de Nueva York. Si desea obtener una copia gratis, visite la dirección de Internet www.scholastic.com/discussionguides.

CRÉDITOS FOTOGRÁFICOS

La fotografía que acompaña la leyenda "Owen se había quedado atascado en un arrecife" copyright © 2006 por Samuel Hopkins, utilizada con permiso.

La fotografía que acompaña la leyenda "Los gritos de júbilo se podían escuchar a casi dos kilómetros de distancia" y la que acompaña la sección "Más información sobre… Hipopótamos" copyright © 2006 por Charles Campbell-Clause, utilizadas con permiso.

El mapa de la sección "Más información sobre…" es de Jim McMahon.